이바구 시선 3

# 내 눈빛은 전선에 머문다

신기용 시집

도서출판 이바구

# 시인의 말

제1부에는 2002년 제1회 병영문학상 입상 시 「내 눈빛은 전선에 머문다」를 비롯해 오래전 발표한 시 「유월」과 「행군」 등 호국정신을 수렴한 시와 시조, 2부에는 2008년 제11회 공무원문예대전 수상(행정안전부장관상) 시조 「삶의 수채화」, 2009년 제12회 공무원문예대전 수상(행정안전부장관상) 시조 「삶의 바다」 등 삶을 조탁한 시와 시조, 3,4부는 바다를 제재로 한 시조로 구성하였다.

이 시집에는 시도 있고 시조도 있다. 그중 사설시조에 무게를 두었다. 이들 사설시조는 시조의 운율 3·4조의 음악성을 변주하면서 현대 시처럼 언어의 긴장미와 내용의 긴장미를 함께 버무려 보았다. 시조의 초장과 종장은 변형 없이 그대로 살리고, 중장을 3·4조로 반복하는 사설시조 형식을 빌렸다. 엄격하게 말하면, 자유시와 사설시조 형식을 융합한 실험 시들이다. 내용 면에서는 서사성과 서정성을 함께 실험해 보았다.

사설시조 「섬」과 「풍어」가 이를 충족하는 대표적인 시편이다. 「섬」은 1985년 육군 소위로 임관 후, 첫 부임지가 전남 여수시(당시 여천시)에 소재한 '월호도月湖島'라는 섬이다. 한자 그대로 주변의 바다가 마치 달빛이 내려앉아 노니는 호수같이 포근한 섬이다. 원초적 고향인 자궁 같기도 하고, 어머니 품 같기도 한 부드러운 섬이라서 늘 머릿속에 자리 잡고 있다. 거친 바다 한가운데 부드럽게 떠 있는 '월호도'라는 공간의 특수성과 개별성을 보편성의 공간으로 대상화하고자 '섬' 혹은 '그 섬'으로 이미지화하였다.

「풍어」는 어릴 적 부산 대포만(감천항)의 풍경을 회억하며 현시대에 맞게 새롭게 형상화했다. 부산의 작은 포구에는 거친 바다를 삶의 터전으로 삼아 살아가는 어부가 많다. 풍어제(별신굿)라는 의식과 풍어에 대한 염원을 그려 내고, 그들의 고된 삶에서 솟아나는 희망의 서사를 수렴한 시이다. 거칠고 난폭한 파도와 싸워 가며 그 바다에서 순수성을 간직한 물질과 돈을 얻고, 그것을 밑천으로 삼아 식구를 먹이고 공부하게끔 책임을 다하는 가장으로서 삶의 무게를 시화한 것이다. 특히 대학등록금을 대기에도 벅찬 가장의 책임감과 그 자녀에 대한 희망을 겹쳐 보았다.

결국, 이 시집의 사설시조는 형식 면에서 자유시와 사설시조의 융합을, 내용 면에서는 사설시조의 서사성과 서정성을 실험한 산물이다. 자꾸자꾸 뒤통수가 간지럽다. ― 2015년 종이책 초판 시인의 말을 수정했다.

― 2020년 도서출판 이바구 편집실에서, 신기용

# 차 례

**시인의 말** | *3*

**제 1 부**

내 눈빛은 전선에 머문다 | *11*

유월 | *17*

행군 | *18*

아들 생각 · 1 | *20*

아들 생각 · 2 | *21*

아들 생각 · 3 | *22*

아들 생각 · 4 | *23*

아들 생각 · 5 | *24*

그리움 | *25*

재회를 꿈꾸며 | *26*

호국의 윤회 | *27*

부산진지성 | *28*

임란의 무명용사 | *29*

사천해전 | *30*

충무공의 후예 | *31*

호국의 기상 | *32*
수장된 소년병 | *33*
천안함의 밤 | *34*
천안함 | *35*
파도의 눈빛 | *36*
현고수 | *38*
평화의 꿈 | *39*


## 제 2 부

삶의 수채화 | *49*
삶의 바다 | *50*
삶의 향기 | *51*
삶의 목청 | *52*
삶의 봄날 | *53*
가난 | *54*
오뚝이 | *55*
참사랑 | *56*
중년의 무게 | *57*
어버이 마음 | *58*
달동네의 봄 | *59*

뺑소니 | *60*

도마뱀 | *61*

사랑의 손길 | *62*

녹두새 | *63*

기도 | *64*

임진년 섬뜩한 밤 | *65*

동백꽃 아리랑 | *66*

전설의 기린 | *67*

봄꽃의 미소 | *69*

부푼 꿈 | *70*

이별 | *71*

자목련 | *72*

## 제 3 부

풍어 | *75*

섬 | *78*

희망 | *81*

소원 | *82*

독도 | *83*

파랑도 | *86*

어시장 | *87*

어촌의 재개발 | *88*

바다의 고요 | *89*

등댓불 | *90*

만선의 꿈 | *91*

풍어의 꿈 | *92*

바다의 봄 | *93*


# 제 4 부

바닷길 | *97*

사랑의 불꽃 | *98*

흔들림의 말 | *99*

승천의 꿈 | *100*

해양의 나라 | *101*

태풍 | *102*

일출 | *103*

폐선 이야기 | *104*

대양으로 | *105*

동해 | *106*

# 제 1 부

# 내 눈빛은 전선에 머문다

1
하늘마저 찢어 버린 포성
붉은 피에 물든 총성
세월 속으로
기억 속으로
평화의 종소리에 안기어
고요히 잠들었건만
내 눈빛은 전선에 머문다.


2
울부짖던 끓는 피
포화와 함께
싸늘히 쓰러진 자리
쓰라린 아픈 세월 삼킨
한 줌의 흙
오롯이 살아 숨쉬기에
내 눈빛은 전선에 머문다.

3
양지 편, 녹슨 철모 앞
전설의 들꽃
따뜻이 연 가슴
헌화로 피어
평화로이 숙인 머리
순국선열의 얼을 기리기에
내 눈빛은 전선에 머문다.


4
주인 잃은 군번줄
외로이 잠든 땅
피 끓는 젊은 군번들
파릇한 눈빛으로
풋풋한 마음으로
전선을 지키기에
내 눈빛은 전선에 머문다.

5
독기 서린 초병의 눈빛
쏟아지는 별빛처럼
고향 하늘에서 영롱하고
따스한 전우의 눈빛
휘영청 달빛처럼
조국의 산하를 밝히고
내 눈빛은 전선에 머문다.


6
굽이도는 임진강마저
목 타는 폭염
소총 멜빵 움켜쥔 손
단내 나는 숨소리, 콧소리
불끈 쥐고서
군인의 길 다짐하며
내 눈빛은 전선에 머문다.

7
달빛과 별빛마저
얼어붙은 엄동
콧구멍에 고드름 얼고
눈두덩에 서리 맺히어
얼음 조각상 되어도
훈훈한 마음 서리기에
내 눈빛은 전선에 머문다.


8
피투성이 어미 멧돼지
선홍빛 발자국 셋을
어리둥절 놀란 새끼 멧돼지
귀여운 발자국 넷을
하얀 전선에
새기고 사라졌지만
내 눈빛은 전선에 머문다.

9
여우가 시리게 우짖는
전선의 밤
노루가 힐끔거리며 뛰노는
전선의 낮
사라진 음산한 어둠
평온한 햇살 쏟아져도
내 눈빛은 전선에 머문다.


10
차가운 은빛 군번줄
살점같이 목에 걸고
당당히 군화 끈을
늠름히 철모 턱끈을
꽉 조여 매고
구슬 땀방울 흘리며
내 눈빛은 전선에 머문다.

11
철새도
텃새도
조잘조잘 지저귀며
남으로
북으로
날개 펼치어라!
내 눈빛은 전선에 머문다.


12
가로 막힌 가시밭 앞에서
울부짖는 짐승
반세기 넘도록
슬피 기도한다.

"내일의 해와 더불어
이 땅에 평화를 주시옵소서!"

# 유월

포성에
금 간 하늘

총성에
터진 가슴

이따금 하늘 저편
선을 긋는
비둘기

어깨를 기댄
울림

귀를
맑힌다.

## 행군

1
거만스레 앞서가는
철모 뒤통수
목에 걸린 숨소리
앞으로

건방 떨며 앞장선
군화 뒤꿈치
땅에 떨어트린 눈동자
한 걸음 한 걸음

겨울 석양 가르는 기러기처럼
평화로운 고향땅 꿈 품어
줄지어 길 밝힌다.

2
달그림자만 남기고
달빛 들이마신 달맞이꽃
여름밤 꽃길 미소로
뜨거운 땀방울 마신다.

우물을 박차고 나와
소쩍새 소리 삼킨 개구리
꿈길 행진곡으로
무더운 숨소리 먹는다.

밤하늘 별똥처럼
평온한 고향 하늘 그리워하며
줄지어 산의 빗장을 푼다.

## 아들 생각 · 1


헐거운 어린 마음
몸을 맞춘 푸른 옷

얼굴을 잊을세라
부릅뜬 붉은 실눈

탈대로
다 탄 숯덩이
화끈화끈 치민다.

# 아들 생각 · 2

입영한 아이 얼굴
휘젓는 가슴앓이

머릿속 번진 기억
내리사랑 부스러기

지긋이
눈물 감추고
미운 마음 다잡네.

# 아들 생각 · 3

다부진 사나이란
다 그렇고 그런 것

그을린 밝은 얼굴
지워 낸 젖내 웃음

이제야
두 아들 얼굴
가슴에서 커 간다.

# 아들 생각 · 4

당당한 간성의 꿈
해군 사관 두 아들

값진 땀 씻어 내어
잠자리 든 이 시각

파릇한
젊음의 꿈결
온 바다를 펼친다.

# 아들 생각 · 5

짙푸른 넓은 바다
품어 안은 군인의 길

두 아들 생각에 옛 기억 더듬는다. 향기로운 젖내 풍기며 까르르 웃던 그 얼굴, 아들아 불러 보고 사진을 어루만지고, 꽃비 뿌려 놓고 꿈길 열어젖히면, 해오름 속살 내밀듯 가슴이 울렁인다.

사나이
파도 가를 날
기다리는 수평선.

# 그리움

보고파 내민 고개
불 지핀 불면의 밤

나날이 모를 까닭
타오르는 불덩이

차라리
소스라치며
송두리째 울 것을.

## 재회를 꿈꾸며

깨지듯 아린 속살
켜켜이 쌓여 가도

눈물을 두드리는
휑한 가슴 시려도

맘 깊이
가려운 나날
언젠가는 올 거야.

## 호국의 윤회


한산섬 앞바다 다시 찾은 섬과 섬

골 패인 세월 더듬고 또 더듬어 가면
날을 높인 창검 앞세우고 달려오는 호국의 깃발
임진년 오랜 아픔 잊을 수 없음에
또다시 깃발 든 대한 해군 태풍을 삼킬 눈빛으로
거센 파도 뛰어넘어 새벽을 열어 간다.

긴 세월 윤회의 바퀴 멈출 수도 없어라.

# 부산진지성

더듬는 오랜 기억 굽어보는 부산항

 자성대 누대에 올라 긴긴 세월 침묵해 오던 낙조 이야기, 그 이야기 담긴 임란 전사 한 권을 건네받았다. 조심스레 펼치자 창대비 쏟아지고 눈빛을 넘길수록 거센 바람 폭풍우로 울부짖었다. 먼저 지나간 곳곳에 핏물 고이고 비바람 비껴 달아나던 모습들도 보였다. 아직 가슴 깊숙이 박혀 뽑히지 않은 호국의 울부짖음이 하늘을 뒤덮을 쯤, 천지를 울리는 뇌성에 놀라 얼른 다음 장을 넘겼다. 봄 그림자 끌고 선 햇살이 그려 가는 밑그림, 군데군데 싹을 틔우는 이야기 파편들, 서문西門 성곽 우주석의 남요인후南徼咽喉 서문쇄약西門鎖鑰 여덟 자에 기대어, 피고 지기를 사백여 년이나 했던가.

 보아라 우렁찬 도약 쌍무지개 내일을.

## 임란의 무명용사


고요 속 출렁출렁
별빛 앉은 수평선

몇 백 년 턱 멈춘 숨
지켜보던 파도 소리

한 아름
늘 푸른 해송
품어 안은 영혼들.

## 사천해전

거북선 처녀 참전參戰
되돌아본 사천해전

너울에 날 세우고 불꽃을 뿜어내며 바닷길 열어 가던 호령 소리 귀에 쟁쟁. 옛 판옥선이 접어놓은 파도를 펼쳐 보니 아직 떠나지 못한 호국의 함성 힘차게 헤엄친다.

큰 파랑
승전보 한 통
손에 쥐고 달린다.

## 충무공의 후예

채색한 미래의 꿈
땀땀이 깔고 누워

푸른빛 뱃길 열어 바다를 달려 보고 불 뿜는 머리의 위용 뜨겁게 그려 보는 승리의 꿈, 꼼꼼히 바다 밑을 몇 번이나 자맥질하고 거북선 생김생김 설계도를 읽어 본다.

철갑선
불굴의 용맹
우리 바다 지킨다.

## 호국의 기상


맘 깊은 우국충정
바다에 띄우던 날

 새로 단 은빛 계급장 한없이 무거워도, 높은 파랑 낮은 파랑 온몸으로 어루만질 때 파묻힌 올곧은 마음 하나 뛰어나와 까무러치게 거친 파도를 잠재웠다.

옹골찬
호국의 기상
바닷물도 데웠다.

## 수장된 소년병

피 흘린 총탄 울음
수장된 소년병들

잠이 든 긴긴 어둠
비참한 작은 몸짓

생생히
꿈 어린 눈매
되살아난 얼과 혼


십칠 세 어린 나이 백골조차 없어도

또렷한 뽀얀 얼굴 물길 열어 평화로이 웃는다. 가슴으로 더듬어 보는 생채기 꿈 하나둘, 업고 가는 높푸른 뭉게구름 하얀 내음 사이로 햇살 내려앉은 자리

따스한 햇살의 미소 천국이라 기댄다.

## 천안함의 밤

　천안함 긴 어둠 속
　치를 떨던 그림자

　울음 멈춘 머리로 다시 그려 보고 웃음 멎은 손끝으로 또다시 매만져 본다. 어둠이 달빛 삼킨 오싹한 두 눈은 빛을 찾아 더듬더듬, 겁먹은 두려운 눈이 그날 밤을 되새긴다. 파도 위 내려앉은 찬 기운 꼭 껴안고, 어둠을 시리게 어루만지던 용사들, 두 동강 난 천안함이 눈동자를 치켜뜬다.
　이젠 제자리를 찾아야 해, 인당수 깊은 물에 평화의 꿈 펼쳐 놓고, 총성 없는 바다로 물들여야 해, 어둠 속 헤엄치던 한 맺힌 눈빛을 잊을 수 없음에랴.

　나르샤
　용사의 눈빛
　환히 밝힐 전우여.

## 천안함

평안한 맑은 하늘
찢어 우는 두 동강

차디찬 인당수
슬피
슬피 울었다.

뼛속에
흐느끼던 봄
피눈물을
뚝
뚝
뚝

## 파도의 눈빛

1
햇살이 넘실넘실
쪽빛 바다 십 리 뱃길

뱃전에 높은 파도
부서져 치솟아도

흥겨운
휘파람 소리
젊은 피를 맑힌다.


방긋이 번진 눈빛 사무친 흰 눈동자

 잔잔히 가라앉은 옛 추억 한 줄 뽑아 겨우내 움츠린 꽃눈도 진짜 봄옷 입는다. 충무공 꿈이 서린 한산도 앞바다가 오롯이 기억하는 파랑새 날아든다.

 감칠맛 파도의 눈빛 가렵도록 웃는다.

2
멈춰 선 빛의 목청
하늘의 울음 끊어

매섭게 날 선 바람
손잡고 철썩여도

새벽빛
밀치는 파도
매화의 눈 깨운다.


달빛이 디딘 바다 윤슬 밝힌 섬마을

밤을 샌 초병들 허리짬이 느즈러지려 해도 초롱초롱 불을 켜는 해안 초소, 해벽을 두드리는 파도의 심술보가 가시 돋아 울부짖어도 야시경은 야무지게 어둠을 뚫어 밝힌다.

팽팽한 초병의 눈빛 고향에도 어린다.

## 현고수

북소리 굵은 울림
잠을 깬 홍의장군

오백 년 한 자리 지킨 부드러운 곡선의 눈, 영롱한 의병장 꿈결 은하수로 흘러 섰다. 중력장 소용돌이 빨려 드는 역사의 어둠, 손 뻗어 살금살금 쓰다듬는 허공의 빛, 의병의 큰 꿈을 울린 느티나무 웃음판, 그 웃음 흐르는 고요한 빛 의로움을 불끈 쥔다.

의령 땅
북을 맨 나무
어제오늘 이음매.

## 평화의 꿈

1
돌개바람 활주로 스치며
휘도는 소리
용오름으로 맴돈다.
꽃바람 흔들어 히죽대는 풍향계
식곤증 졸음 참아 맞장구치는 풍속계

비행 가능을 속삭인다.

2
바람도 잠든 캄캄한 하늘길
계기 비행으로
되밟아 내리려 해도
관제탑은 기다려라 한다.

연료 확인
체공 가능 시간 확인

하늘길이 눈 감을 때면

한숨만 흐르는 관제탑
모니터에는
개미
개미들이

뱅뱅 기어 다닌다.

3
고요히 착륙했던
안개
이륙할 시간

눈으로
잡아채고 불어 올린
아지랑이
활주로를 쪼아 대는
참새의 날개가 부럽다.

활주로를 넘보는 도둑고양이

철조망에 고인 배고픈 눈물만큼
전투기의 날개가 부럽다.

4
긴 체공에 삶을 맡긴 솔개 같은 눈
내리꽂는 긴장의 시선
전투기의 아침은 구름을 깔고 앉은 여유
조종간을 기웃대는 언 바람
차디찬 소리의 눈
조종사의 눈망울을 엿본다.

유리판에 갇힌 계기를 째려보는
안개의 슬픈 입 향긋해질 때
랜딩기어가 내려간다.

5
꽃향기 흐르는
활주로
때늦은 봄눈

꽁꽁 언 전투기의 비상
꽃향기 퍼뜨리는 임무 수행

파릇한 공군의 향기
가득 싣고
까르르 웃으며 날아오른다.

6
뼈마디마다 뿜어내는
아픈 소리
수줍은 구름을 간질인다.

붉게 익은 노을빛 흔들며
날갯짓하는 초계 비행
졸음 조는 구름 위
살포시 미끄럼을 탄다.

기댈 곳
사랑의 언덕

하늘에도
떠
있다.

7
지나가는 구름
관제탑을 지날 때면
머리 한 번 조아리고 간다.

쉼표도 찍지 않고 내리꽂아
초원을 스쳐 뒹구는 바람
관제탑에 손사래 치고 떠난다.

합장하는 평안의 마음
웃음 가득
고인 관제탑

무지개가 굴러 선다.

제 2 부

## 삶의 수채화

별빛이 어둠을 가린 복사꽃 칠 번지 달동네
등이 휜 고단함이 제자리 찾는 시간
가난이 시렁 위에서 허기진 밤을 지킨다.


촘촘히 짜 내려간 별빛을 끌어안고
밤새껏 자맥질하는 꿈길을 더듬어도
곰팡내 풀풀 풍기며 엉겨 붙는 저 가난.


아니야 이건 아냐 밑그림을 다시 그려
삶의 화판畵板 위에 백지 한 장 걸어 놓고
환하게 꽃등을 밝힐 그런 세상 그릴 거야.

## 삶의 바다

파도가 달빛 덮고 드러누운 밤바다
숨이 찬 그물망이 바동대는 황금 어장
만선의 오방색 깃발 갯바람을 부른다.


꿈길에 잡힐 듯 말 듯 더듬는 고깃배
그리운 파도 소리 말이 없는 정화수
화들짝 웃음꽃 벌듯 만선 소식 들리는가.


활짝 핀 꿈길 열어 고된 몸 비춰 놓고
층층이 얼싸안고 오색 깃발 나풀대며
향긋한 삶의 바다를 잇대어 꿰매 보자.

## 삶의 향기

  무쇠솥 팥밥 뜸
  익어 가는 생일날

  겨우내 아린 상처 곱다랗게 아물어 따스한 꽃향기로 파닥이는 날갯짓, 달콤한 긴 입맞춤 흰나비의 비상飛翔이다. 다래끼 넘치도록 사람 온기 담아서 허기진 가슴마다 듬뿍 채워 넣으면

  파릇이
  삶의 향기가
  깔깔대며 퍼진다.

## 삶의 목청

따끈한 재첩구욱
재첩국 사이소오

터져라 부르짖는 재첩국 장수 할머니
새벽 귀 흔들어 쑤셔 대는 애절한 높은 목청
나가라 외치는 무뚝뚝한 경비원의 자투리 말
그 말이 칼날이다.

새벽녘
삶의 큰소리
깊은 잠을 후빈다.


애달픈 음빛깔이 모퉁이로 돌아설 때
재첩국 한 사발에 속을 푼 볼록한 배
살가운 삶의 목청도 맛깔스레 삭힌다.

# 삶의 봄날

긴 고통 견딘 대지
주먹을 쥔 꿋꿋함

물러 선 설한풍에
꿈을 품은 젊은이

깡그리
품고 앉은 꿈
봄꽃 함께 동튼다.

# 가난

차디찬 냉구들 위
몸을 맡긴 겨울밤

잠을 깬 마칼바람
복대기 치던 겉창

행여나
죽을 것 같아
호호 부는 손 입김

## 오뚝이

가슴에 아로새긴
곧은 꿈 시들어도

큰 꿈을 접지 못해
앙다문 어금니들

파르르
아랫입술에
깡다구만 서린다.

## 참사랑

매화꽃 웃는 마을
향기 지운 짙은 안개

온몸을 떠는 동안
때늦은 하얀 봄눈

봄 햇살
가지 끝마다
참사랑을 마신다.

## 중년의 무게

가끔 가슴 깊은 곳에 떠도는 구름의 무게는 풍선일 수 없다.

시퍼런 멍의 질량을 재는 눈금 없는 저울만이 주름진 삶의 골짜기를 알 뿐이다. 묵직한 틀에 굳게 갇힌 중년의 무게, 구두 뒤꿈치 닿는 소리마저 무게의 붉은 숫자들을 울림으로 뼛속 깊이 새겨 넣는다.

퇴근길 달빛이 고요를 살포시 얹어도 휘청휘청 등골이 휘어 주저앉고 만다. 등 굽은 주름의 깊이만큼 낡은 가방에 기대어 미소를 잇댄다. 멀리 아이들 웃음소리 달려올 쯤 어깨 펴고 미소의 탈을 쓴다.

헛기침 한 번에 웃음 더불어 대문 활짝 열린다.

## 어버이 마음

숨이 찬
달동네 비탈길

주머니 탈탈 털어
상처 난 연탄 두 장
코뚜레 꿰어 들고
콧노래로
길어 올리던
봄

이따금
차디찬 구들장
깔깔
웃게 하던
손길

늘 따뜻하다.

# 달동네의 봄

벽화에 뚜벅뚜벅
고여 든 눈부신 빛

마냥 기다리던
봄소식 기웃기웃

왕벚꽃 흐벅진 웃음
북적대는 발걸음.


꽃기운 팔딱팔딱
온 마을 물들이면

넉넉한 푸른 마음
얼싸안은 얼의 빛깔

눅눅한 허리 휜 삶도
함박꽃을 피운다.

## 뺑소니

파김치 지친 온몸
돌아눕는 아이들

  부푼 꿈 입에 물고 영롱한 눈망울로 곱게 웃어 대던 그 아이, 학교 앞 붉은 글씨 자지러져 나부낀다. 바람도 눈물 짓는 '목격자를 찾습니다.' 애달픈 아이 엄마 한 달째 저 자리, 따스한 눈빛만이 깊은 울음 다독인다.

애간장
불 지핀 가슴
새까맣게 다 탔네.

# 도마뱀


높은 곳 피뢰침 위
낭자한 핏빛 구름

　차가운 몸짓으로 쏟아 낸 핏덩이들, 모조리 먹이사슬에 줄 선 갑이 핥아 먹었다. 검은손 구겨 넣은 뱃속의 고얀 심보들, 그림자를 감춰 둔 새빨간 뱃속들, 화들짝 벼락 칠 때 창백한 숨바꼭질한다. 날벼락 요동치는 심판의 날, 몸통이 땅굴 파고 기어 숨어 침묵의 잠을 청할 쯤, 꼬리는 엎치락뒤치락 묵언의 언어로 꿈틀댄다.

꼬리만
호들갑 떠는
알쏭달쏭 요지경.

## 사랑의 손길

어제에
갇힌 발자국

오늘을
뚫어 깨뜨린
지금

바위를
열어젖뜨린
여기

지금, 여기

아직도
눈물
머금은
사람

억수로 많다.

# 녹두새

날개 접은 작은 새

엉킨 실타래 풀듯
산굽이를 닮아
굽어 흐르는 지저귐

녹두밭 파랑 날갯짓

초록 꿈을 좇는다.

# 기도

정결히 올려놓은
돌탑 위 근심 걱정

기도가 별거더냐
너스레 떨어 봐도

속세의 이야기 같아
몸이 아직 돌이다


이끼 낀 돌탑 돌며
벗겨 내는 묵은 때

지은 죄 문득 생각
돌고 돌며 합장한 손

느긋이 새살 돋우는
여린 두 손 한마음.

# 임진년 섬뜩한 밤

임진년 섬뜩한 밤 막다른 골목길

날렵히 뒤쫓는 뜀걸음
칼바람 소리
가슴마디를 갈랐다.

담벼락에 숨긴 호흡
달빛 짓이겨 밟은
총부리에
혼
혼이 굳었다.

벽장에 숨긴 아이들 울음마저
끊어 버린
망나니의 살기殺氣

깊숙이
금 간 가슴들
손잡아도 덧나네.

# 동백꽃 아리랑

아리랑 겨울 몸짓
붉게 웃어 슬픈 꽃

다소곳 엷게 울어 시름 앓던 연약한 몸,
파도에 실려 오는 꽃의 웃음 몇 가닥,
몰래 눈뜬 가슴 보름달을 업었다.

쓰리랑 울어 쌓이는
불덩이로 웃는다.


따스한 푸른 바람
파도 밟고 출렁일 때

차갑던 울음 멈춰
얼굴빛 연지 곤지

아라리 불꽃 파도로
되살아난 참사랑.

## 전설의 기린

꿈결이 빛을 당긴
서라벌 땅 천마총

고단히 굽은 몸짓
깊은 잠 오랜 땅속

못 다한 어둠의 꿈을
끌어 올린 시간들.


사뿐히 그려 놓은
말다래 깔고 앉아

여태껏 하늘 높이
꿈처럼 내달려서

영롱히 뿔 달린 전설
걷어 올린 새 진실.

찬찬히 겹친 그림
수백 번 펼쳐 놓고

숨겨진 오색 빛깔
뚫어지게 읽어도

또렷이 영혼을 깨울
상상 속의 기린이다.

## 봄꽃의 미소


날 세운 세찬 바람
촌마을 노인정 뜰

긴 한숨 푹푹 쉬는
농투성이 우리 맘

한 아름
봄꽃의 미소
풍선처럼 커진다.

## 부푼 꿈

죽을 둥 농사지어도
턱도 없는 대출 이자

농부의 환한 미소
온 동네 들썩들썩

노총각
부푼 꿈 품어
달려가는 예식장.

# 이별

은하수 맺은 풀잎
구르는 눈물 구슬

어미 소 멀리 울어
눈물방울 뒹굴 때

송아지
울음의 변주
송곳으로 꽂힌다.

## 자목련


언 땅의 여린 속살
돋아 오른 속삭임도

꽃샘의 찬 발걸음
쉬어 가는 눈부심도

빙그레
엷은 미소로
옮겨 앉은 봄이여.

제 3 부

# 풍어

1
결 솟은 된바람을
밀쳐 내는 된마

　공룡발자국 되밟아 뭍에 오르는 모오리돌 구르는 소리, 들숨 날숨 없이 당산을 올라탄다. 그 소리 함께 엮어 금줄 동여맨 당산 아래 한 번도 날지 못한 슬픈 시조새의 화석, 파도에 사그라지는 물보라처럼 결을 삭이고, 젯술에 취한 바람 갯내를 뿜어낼 무렵, 제주祭主의 주름진 눈빛 닮은 무녀의 칼바람 파도를 가르고, 삶의 땀방울 털고 털어 두 손 가득 만선을 빌고 빈다. 파도를 출렁이며 팔딱대는 고깃배의 무게, 갯바람 흔들며 깔깔대는 오색 깃발의 무게와 같다. 별신굿의 절정에서 땀방울 스민 오색 깃발 풍어의 바다로 가잔다.

연분홍
어부 얼굴빛
흩날리는 꽃비다.

2
어부의 혼을 묻은
황금 어장 끝자리

  덩더꿍 소리의 뼈로 어둠을 밀어낸 뱃고동, 이골 난 찌든 마음 어깨 위 무동 태워, 찢어질 듯 펄럭이는 바람의 넋을 담은 출항의 설레임.

처자妻子도
삶의 풍어를
옹골차게 엮는다.

3
고요가 출렁출렁
주름 깊은 밤바다

  달빛으로 화장한 어부의 얼굴이 밝다. 집어등 불빛 아래 허리 한 번 펼 수 없어도 간간이 달빛 윤슬 어둠을 살라 먹고, 그물에 걸려든 적금통장을 건져 올리는 어군탐지기, 엔터 키 한 번에 처자의 꿈이 뱃전에 일렁인다. 한평생 고기잡이 어렵기는 매한가지 움푹 팬 눈망울이 하얗게 어둠을 지울 햇덩이 하나 길어 올릴 쯤, 목을 뺀 갈매기 금빛을 쪼아 먹고 솟구친 은빛 물고기 포물선을 긋는다.

등골 휜
대학 등록금
파닥이며 서울 간다.

# 섬

1
더플백 울러 메고
배표 한 장 내민다.

  후끈한 뙤약볕 비단처럼 나풀나풀, 한여름 거친 숨 가늘게 내쉰다. 시퍼런 잇몸 드러낸 파도의 혀 비린내를 풍긴다. 파도에 그을린 눈빛 살가워도 알 수 없는 사투리 머릿속을 휘젓는다. 거친 바람 뱃전을 후려치고 달아난다. 하이힐이 버거운 섬 처녀 비뚤비뚤 갑판을 가로지르다 주저앉고, 갯바람과 입맞춤하는 짧은 치마 아가씨, 보이지 않는 섬처럼 위태롭다. 가물가물 보일 듯 멀어져 가는 여수항, 뒤돌아보면 지난밤 잠 못 이룬 두근거림이 다시 울렁울렁, 자맥질하던 그 섬의 추억 새로이 꼬물댄다.

점점이
찍어 둔 달빛
발길 잡던 그 섬.

2
달빛이 성난 파도
잠재우던 그 섬

  바다도 침묵하던 그때 그 섬, 옛 기억 더듬어 가는 탐조등 불빛 아래 아직 동그마니 서서 달빛 간질인다. 갈매기 날고 흑염소 뛰놀던 그 섬, 겨울바람 깨워 열정의 동백꽃을 피웠다. 물질하던 해녀의 숨비 소리에 쫑긋 귀 세우던 젊은이 아직 거기 서 있다. 바람처럼 구름처럼 언젠가 다시 가고픈 젊음이 숨 쉬던 그 섬.

지난밤
사무친 꿈결
생생하게 다녀왔다.

3
해무가 내려앉은
뱃길 끊긴 그 섬

  그 섬에 가면 밤에도 잠들 수 없는 달빛을 만날 수 있다. 그 섬엔 거친 파도 오래 쉬다 떠난다. 철썩철썩 섬의 성감대를 간질이는 협주곡이 현의 소리로 뒹군다. 그 섬은 섬이 아니다. 섬이 아닌 그 섬, 뭇 생명을 키워 낸 바다의 자궁이다. 파도를 어루만지고 바람을 잠재우는 포근한 그 섬, 어머니의 품이다. 달빛 이불 삼아 뒤척이며 전하는 말, 그 섬에 묻어 둔 꿈, 꿈을 파헤치러 가야 해.

  여태껏
꿈결의 흔적
새파랗게 맴돈다.

## 희망

멈춰선 원양어선
꼬리 이은 선착장

허망한 장밋빛 말
쏟아 내는 라디오

늴리리
출항의 고동
통통 뛰는 신바람.

## 소원

달빛 품어 안은 제야의 종 서른세 번

종소리 주워 담은 걸음걸음 발길마다, 날쌔게 목 놓아 소원 울린 당목에 귀 맞춘다. 덩그렁 대들보에 몸을 매단 비천飛天의 꿈, 서서히 바람의 종소리 부동자세 취해도 꽃다운 긴 여운의 꿈, 대어大漁가 뜀뛰는 어장에 기어들어 안긴다.

뱃고동 응답의 소리 고깃배도 무겁다.


에밀레 스민 청동
여음餘音에 새긴 소원

드높은 파도 성깔
말끔히 잠재운다.

어기야
뱃노래 높여
뱃길 트는 맘 덩이.

# 독도

1
속 깊은 큰 바위섬
태풍 속 깊은 고요

마파람 생떼 쓰고 열풍이 생트집 잡아도, 꿈 품고 솟구치는 물보라의 소맷자락, 살포시 잡아당기며 입술 꼭 다문다. 천불 난 속 아려 와도 날갯짓으로 삭이고, 날 세운 파도가 열병을 앓아도 훌훌 떨쳐 웃는 바위섬, 어머니 가슴

둥글게
고요의 눈빛
낚아 올린 불덩이

2
바닷속 깊게 새긴
안용복 장군 말씀

　오랜 말씀 만나려고 눈시울 붉힌 그림자 끌고 어둠이 내리지 않아도 먹물처럼 잠긴 핏빛 고요 잠시 눈에 담았다. 파랑이 바람 흔들어 남긴 걸음 따라 문무왕 깨우고 호국영령 불러 모으면 잔가지 하나 흔들지 못하는 달빛 숨죽여 목소리마저 숨긴다. 별똥별 내려앉은 동해 바다 외로운 섬, 가신님 말씀
　"잊지 말그래이, 진짜로 잊지 말그래이."

　귓전을
　맴도는 말씀
　깊은 잠을 깨운다.

3
독도 앞 바닷속
깊이 잠든 보물들

  독도 해역 지나는 해류는 흑룡黑龍이다. 바닷물 위로 날아오른 적 없는 괴물일 게다. 머리와 꼬리를 본 적 없어 몸 둘레도 덩치도 가늠할 수 없다. 흑룡의 비늘을 찾듯 모니터 화면에 묶인 눈빛, 금맥 찾듯 뭍에서 볼 수 없는 심해의 고압에 홀렸다. 한반도 핏줄 흐르는 울릉분지, 얼어붙은 희망이 차디찬 심층수에 갇혀 심장을 팔딱이며 얼음으로 잠자고 있다.
  '가스 하이드레이트'

  누구도
  넘보지 못할
  우리만의 보물이다.

# 파랑도

시조창 호흡 닮아
길고 긴 한겨울밤

기나긴 기억 함께 젊은 꿈 하나 달랑 짊어지고
어부들의 뱃노래 출렁이는 섬을 찾아 나선다.
어둠이 삼켰다 다시 토해 내는 숨은 섬
마라도 남방 81해리
밤새 꿈길 좇던 해도를 펼쳐 놓고
새벽이 밀어 올리는 햇덩이도 물길을 더듬는다.
햇살 지나는 자리마다 기지개를 켜는 물보라
그을린 조잘거림으로 건져 올린 섬, 파랑도

빙그르
되감아 도는
파도마저 숨는다.

## 어시장

휘감은 해무의 손 스치고 간 어선마다

　낚아챈 손맛 걷어 올린 따뜻한 시간, 갈매기의 아침은 파도를 깔고 앉아 쪼아 대는 배부른 여유, 바다에 삶을 맡긴 어부는 부럽다.
　어시장 바닷바람 기웃대는 수족관, 뭍의 바람 흥정하는 소리 얼싸안고 지갑 속을 엿본다. 인심의 향기 비린내 찌든 좌판에 앉아 흥정한다. 수족관 앞 갯내 밟고 선 호객꾼, 시퍼런 회칼로 원산지를 폭로하려는 어족의 목을 내려친다. 회칼은 눈물 흘리지 못해도 핏물을 흘린다. 식탁 위 열 받은 고추장 수족관에 갇힌 어족에 덤벼들 기세다. 주방장은 도마 위 째려보는 어족의 슬픈 눈을 모른 척 속살 도려내고, 어족의 빗뜬 눈은 젓가락을 흘겨본다. 수족관 속 슬픈 어족은 오늘 아니면 내일, 언제 무채를 깔고 누울지 몰라 물거품을 물어뜯어 허기진 배를 채운다. 기어코 거센 꼬리 허공에 날리며 생을 마감할 거다. 죽음의 수족관에 슬픈 눈물 출렁인다.
　어족의 눈물 고인 수족관은 짜디짜다. 슬픈 눈물만큼 삶의 무게 부풀어 올라 인심의 대박 향기 피우고 비린내를 지운다.

　그윽이 곰삭은 인심 팔고 사는 어시장

## 어촌의 재개발

살구꽃 분분설로
흩날리는 봄날 아침

 출근길에 해장국, 소주, 동동주 딱지 붙은 구멍가게 앞을 지난다. 해장술에 붉게 물든 목소리 곧추세운 어촌 사람들, 혀 꼬부려진 탄식이 목덜미를 붙들고, 발길 잡는 재개발 구역 팻말 을씨년스럽다. 가난의 뿌리만큼 키를 높일 아파트 단지 조감도, 시내가 흐르고 온갖 기화요초들이 아이들의 웃음 머무는 어촌의 삶터를 갉아 먹고 섰다.

새로운
걸음 사이로
꽃바람이 움튼다.

# 바다의 고요

마지막 살아남은
전설의 물고기

아가미에 숨긴 참말 더 깊게 감춘다. 살금살금 숨는 물고기 바싹 엎드린 모랫바닥, 감을 수 없어 뜬눈으로 입만 뻐끔뻐끔, 작살에 핏덩이 범벅 된 마지막 전설의 물고기, 깔딱대는 가쁜 숨이 하늘에 오른다. 꼭 입 다물어 깊이를 알 수 없는 부레가 소리를 빨아들인다. 긴 침묵의 저울추가 바닥으로 기운다.

숨죽인
물고기의 알
꿈틀대며 눈뜬다.

# 등댓불

바위섬 깔찌 위
동그마니 잦추는 길

  한 사발 자리끼 몸을 달래는 밤, 바닷물에 곰삭은 꿈 덜 퍽지게 끌어안고 어루만지는 밤바다, 애무하듯 핥아 펴는 파도의 굴곡 밤새껏 허물어 대는 어둠의 벽, 갯내 머금은 바닷바람에 맞선 험난한 삶, 어루쇠 같은 바닷사람 가슴마다 삶의 윤슬이 꿈길처럼 찰랑댄다.

찬란한
행복의 빛이
등댓불로 입사한다.

## 만선의 꿈

이따금 갯바람 부딪는 고깃배

바닷속 중력에 발톱 쑤셔 박고
바람을 베고 누운 엄동의 뱃머리
억척스레 맞선 설한풍
삶이란 다 그래, 그렇고 그런 거야

한바탕 만선의 꿈을 풀어놓는 어부들.

## 풍어의 꿈

학자금 깊은 한숨
바닥 난 깡통 통장

어둠 속 빛의 길목
잡아채는 주름 손

은비늘
낚아 챈 얼굴
환하게 핀 함박꽃.

# 바다의 봄

창창한 햇살 미소
똬리 튼 선실 창가

언 마음 슬그머니
녹여 놓은 봄기운

마침내 꽃향내 실어
달려오는 울렁증.


넉넉한 마음 모여
온 바다 온기 가득

해돋이 스민 기운
잡아 올린 삶의 향내

고깃배 비릿한 삶도
웃음 향기 풍긴다.

제 4 부

# 바닷길

길 찾아 더듬어도
보일 듯 말 듯

굽이진 삶의 깊이
알 수 없는 험난한 길

잦추러
무지갯빛을
조각조각 덧댄다.

# 사랑의 불꽃

노을빛 둥근 풍선
등 뒤 매단 고깃배

갯바람 밟으며 달려온다.
뱃머리 부딪는 해조음 갯내를 간질인다.
구릿빛 흔드는 갈매기 한 쌍
내려앉은 뱃머리
잇따라 부리를 비벼 댄다.

빛 부신
사랑의 불꽃
물비늘을 태운다.

## 흔들림의 말


풍성한 당산나무
허리춤 울긋불긋

새끼줄 매듭마다 알록달록 바람을 흔들어 대면, 당산나무 아래 합장한 손도 당신堂神의 마음을 흔든다. 소리 없는 풍어의 기도 이파리를 흔들고 잔가지도 흔든다.

파르르
흔들림의 말
뱃노래도 흔든다.

## 승천의 꿈


어선단 뱃머리 위
먹구름 슬피 운다.

장대비 퍼부어 갑판에 물이 고인다.
천둥이 먹구름을 조각내면 번갯빛은 어둠을 쪼갠다.
하늘이 울고
바다가 울고
배도 운다.
손가락 굵기의 학꽁치 몇 마리 우두둑 하늘에서 떨어진다.

허망한
승천의 꿈을
틀어 버린 빗줄기.

## 해양의 나라

바다가 솟아나고
하늘이 쏟은 기운

고요를 봉긋 뚫고 봉우리로 솟은 장산, 봄내春川 따라 흐르고 흘러 동백꽃 피우고 먼 바다 노를 저어 나라 살림 늘렸다. 고선옥 할매 아들 열, 딸 열 낳아 스물 소국 다스리어, 구름을 딛고 장산 꼭대기에 우뚝 섰다.

사라진
해양의 나라
용궁인 양 숨었다.

# 태풍

입에 문 파도 비늘
알싸한 맛에 취한다.

거름 무더기에 넣고 삭인 그 맛 일품이라며, 흑산도 것이 제일이라며, 머리에서 꼬리까지 하나도 버릴 것 없다며, 영산포 홍어 횟집에 둘러앉아 짠내 머금은 바다를 마신다. 간간이 꼬리 잘라 내고, 그물을 빠져나가는 높은 자리 불가사리들의 이야기가 안주로 나올 쯤, 먹구름을 몰고 오는 성난 파도가 주먹질을 해 댄다. 태풍이 올려나 보다.

깨끗한
바다를 만들
태풍이면 좋겠다.

# 일출

밤새워 품었던 알
동해가 순산한다.

내일을 건져 올릴
눈부신 붉은 알몸

저마다
두 손을 모은
마음들이 더 붉다

# 폐선 이야기

사진 전시회장
발이 묶인 폐선들

녹슨 폐부 깊숙이 엉기던 겨울바람 차갑던 곳 북양, 눈높이로 출렁이던 파도 소리 이젠 들을 수 없다. 화려했던 한 시절 어창 가득 파닥이던 어부들의 희망 함께, 사진 속에 갇혀 하얗게 부서져 내리는 파도가 무인도에서 홀로 걷 듯 멀미한다.

구경 온
뭇사람 눈총
비켜서도 따갑다.

## 대양으로

먹구름 눈을 가린 잿빛 바다 폭풍우
갈가리 찢긴 하늘 날카로운 천둥도
결결이 만신창이로 번갯불을 피운다.


바다 위 펼쳐 놓은
하늘을 품어 안고

깊이를 가늠 못할 가무잡잡한 구김살을 펼쳐서, 늠름한 청년의 꿈 끌어내는 소원 하나, 화창한 햇살 지나간 자리 맑은 바람 끌어당겨, 고통을 묻어 덮고 굳건히 일어나라.

얼씨구
천년의 꿈길
가슴 열어 좋아라.

## 동해

긴 어둠 시나브로 다다른 어슴새벽
너울에 몸 감추고 날숨을 참고 참아
옛 파랑 푸른 꿈 찾아 바닷길을 솟군다.


사라진 왕국 앞에 파도를 활짝 열어
왜국 땅 박제상이 돛단배 출렁대며
향긋한 아침의 빛을 높이 들고 걸어온다.


달무리 마중 나온 고요 깃든 수평선
천년을 숨 멈추고 지켜보던 고래 울음
비로소 푸른 솔가지 잡고 뭍을 밟누나.

# 내 눈빛은 전선에 머문다

정가 13,000원

지은이  신기용
펴낸이  신기용
표 지
편 집  StoryFarmbook 송영미

2020년 12월 7일 개정판 1쇄 발행

펴낸곳  도서출판 이바구
주 소  부산광역시 부산진구 서전로47번길 27, B자동 301호
전 화  010-6844-7957
등 록  제2020-000006호

이 도서의 국립중앙도서관 출판예정도서목록(CIP)은 서지정보유통지원시스템 홈페이지(http://seoji.nl.go.kr)와 국가자료종합목록 구축시스템(http://kolis-net.nl.go.kr)에서 이용하실 수 있습니다.
(CIP제어번호 : CIP2020051186)

ISBN 979-11-971305-4-0